Jannis von Nitzsch

Aus der Reihe: e-fellows.net stipendiaten-wissen

e-fellows.net (Hrsg.)

Band 1230

Die Entwicklung von sozialer Kompetenz bei Kindern. Die Bedeutung von Beziehungen zu Gleichaltrigen

GRIN Verlag

Bibliografische Information der Deutschen Nationalbibliothek:

Die Deutsche Bibliothek verzeichnet diese Publikation in der Deutschen National-
bibliografie; detaillierte bibliografische Daten sind im Internet über http://dnb.d-
nb.de/ abrufbar.

Impressum:

Copyright © 2013 GRIN Verlag GmbH
Druck und Bindung: Books on Demand GmbH, Norderstedt Germany
ISBN: 978-3-656-96538-1

Dieses Buch bei GRIN:

http://www.grin.com/de/e-book/300126/die-entwicklung-von-sozialer-kompetenz-
bei-kindern-die-bedeutung-von-beziehungen

GRIN - Your knowledge has value

Der GRIN Verlag publiziert seit 1998 wissenschaftliche Arbeiten von Studenten, Hochschullehrern und anderen Akademikern als eBook und gedrucktes Buch. Die Verlagswebsite www.grin.com ist die ideale Plattform zur Veröffentlichung von Hausarbeiten, Abschlussarbeiten, wissenschaftlichen Aufsätzen, Dissertationen und Fachbüchern.

Besuchen Sie uns im Internet:

http://www.grin.com/

http://www.facebook.com/grincom

http://www.twitter.com/grin_com

Universität zu Köln
Humanwissenschaftliche Fakultät
Bachelor Psychologie
3. Fachsemester

Die Bedeutung der Beziehungen zu Gleichaltrigen für die Entwicklung von sozialer Kompetenz bei Kindern

Grundlagenmodul
Entwicklungspsychologie
Abgabedatum: 16. April 2013

Jannis von Nitzsch

Inhaltsverzeichnis Seite

Zusammenfassung

Die Bedeutung von Gleichaltrigen als vertrauensvolle Bezugspersonen nimmt bei Kindern ab dem Zeitpunkt des Eintritts in den Kindergarten und in die Schule stark zu. Dementsprechend haben die Peers und gleichaltrige Freunde einen großen Einfluss auf die Entwicklung der Kinder. Besonders bei der Ausbildung der sozialen Kompetenz – die Fähigkeit, in sozialen Interaktionen die eigenen Ziele zu erreichen, ohne dabei die Bedürfnisse von anderen zu vernachlässigen – spielen die Peers eine große Rolle. Durch die Interaktion mit Gleichaltrigen lernen Kinder sich als gleichberechtigte Partner in komplexen Beziehungsgefügen zu bewegen. Sie lernen hier wichtige Normen und Werte wie zum Beispiel Hilfsbereitschaft oder Empathie, erhalten Anerkennung und gelangen zu einem ausgeprägten Selbstverständnis. In diesem sozialen Kontext erziehen sich die Kinder sowohl selbst als auch gegenseitig. Die Entwicklung der sozialen Kompetenz kann durch Maßnahmen wie zum Beispiel den kooperativen Förderunterricht in der Schule auch extern unterstützt werden.

1. Einleitung

Reicht es, wenn Kinder nur mit ihren Eltern aufwachsen oder spielen Gleichaltrige bei dem Erwerb der sozialen Kompetenz eine ebenso prägende Rolle? Harlow (1969, zit. nach Tücke, 2007) versuchte die Bedeutung der Interaktion mit gleichaltrigen Spielpartnern für die Entwicklung von Kindern anhand von Untersuchungen mit Rhesusaffen zu überprüfen. Die Individuen, die ohne Kontakt mit gleichaltrigen Spielpartnern aufgewachsen sind, verhielten sich aggressiver, weniger kooperativ und ängstlicher als diejenigen, die mit Gleichaltrigen groß geworden sind. Inwieweit diese Ergebnisse auch auf Menschen im Allgemeinen bzw. spezifisch auf Kinder übertragbar sind, soll in dieser Arbeit herausgestellt werden.

Hierzu wird zunächst in Kapitel 2 ein mögliches Modell beschrieben, wie soziale Kompetenz bei Kindern entsteht. Des Weiteren wird die Arbeit auf mögliche Fördermaßnahmen in sozialen Institutionen wie zum Beispiel der Schule eingehen und kurz die biologische Grundlage für sozial kompetentes Verhalten – die Spiegelneuronen – thematisieren. In Kapitel 3 der Arbeit wird spezifischer auf die Bedeutung der komplexen Freundschafts- und Beziehungsgeflechte von Gleichaltrigen eingegangen. In einer abschließenden Diskussion werden die wesentlichen Erkenntnisse aus den vorangehenden Kapiteln wieder aufgegriffen und mit aktuellen Debatten zum Betreuungsgeld in Verbindung gebracht. Des Weiteren wird das Konstrukt der sozialen Kompetenz kritisch betrachtet und die soziale Kompetenz als wichtiger Prädiktor für späteren beruflichen Erfolg diskutiert.

2. Soziale Kompetenz

Den Begriff bzw. das Konstrukt „soziale Kompetenz" genau zu definieren und zu beschreiben ist sehr schwierig, da es sehr viele unterschiedliche Definitionen gibt, die teilweise kontrovers diskutiert werden. Aus diesem Grund wurden in der vorliegenden Arbeit die Definitionen gewählt, die allgemein am ehesten anerkannt sind und die – entsprechend dem Thema der Arbeit – eher auf den Bereich von sozialer Kompetenz speziell bei Kindern abzielen.

2.1. Was ist soziale Kompetenz?

Soziale Kompetenz ist „die Fähigkeit, in sozialen Interaktionen seine eigenen Ziele zu errei-chen und Bedürfnisse zu befriedigen und gleichzeitig die Ziele und Bedürfnisse von anderen zu berücksichtigen" (Perren et al., 2008). Beide Bereiche erfordern Schlüsselfertigkeiten wie z.b. die von Schmidt-Denter (2005) illustrierte Fähigkeit zur Selbstbehauptung und die Fä-higkeit zur Kooperation. Auch Asendorpf (2003) beschreibt die soziale Kompetenz als opti-malen Kompromiss zwischen Selbstverwirklichung (Konfliktfähigkeit) und sozialer Verträg-lichkeit (Kooperationsfähigkeit).

Es gibt verschiedene Theorien und Modelle, die unterschiedliche Aspekte der sozialen Kompetenz (hier speziell bei Kindern) nennen und hervorheben. In der Literatur werden hier in Form von sogenannten Kompetenzkatalogen von verschiedenen Autoren unterschiedliche Anzahlen von Kompetenzen (zwischen 5 und 28) genannt (Kanning, 2002, zit. nach Drösseler et al., 2007). So nennen beispielsweise Caldarella und Merrel (1997) die Aspekte Interakti-onsfertigkeiten in der Beziehung zu Gleichaltrigen, Fertigkeiten des Selbstmanagements, schulische Fähigkeiten, Kooperations- und Mitwirkungsbereitschaft sowie Durchsetzungsfä-higkeit.

2.2. Wie entwickelt sich soziale Kompetenz?

Grundsätzlich lässt sich festhalten, dass sich soziale Kompetenz nur dann entwickelt, wenn ein Kind in einer sozialen Umgebung aufwächst, in der es mit verschiedenen Personen kon-frontiert wird. Besonders wichtig für die Entwicklung der sozialen Kompetenz von Kindern ist die Gruppe von Gleichaltrigen.

Durch den Kontakt zu anderen Kindern lernen sie, sich mit einzelnen Mitgliedern einer Gruppe auseinanderzusetzen, Freundschaften zu schließen, Konflikte zu lösen und entwickeln sich dadurch weiter (Schmidt-Denter, 2005). „Die Interaktion mit Gleichaltrigen fördert die Entwicklung eines Sozialverhaltens, das im Gegensatz zur Interaktion mit Erwachsenen stärker symmetrisch ist, das Verständnis für Gleichheit und Gerechtigkeit aufbaut und wesentlich zum Selbstverständnis („Selbstkonzept") der Kinder beiträgt" (Oerter & Montada, 2002).

Dodge et al. (1986, zit. nach Oerter & Montada, 2002) betonen die Bedeutung von Prozessen der Informationsverarbeitung, die für das Gelingen sozialer Interaktionen unabdingbar sind. Die Autoren postulieren fünf Komponenten der sozialen Interaktion, die in Wechselbeziehung zueinander stehen. Anhand deren Ausprägung kann das Vorhandensein von sozialer Kompetenz beurteilt werden. Diese sind in der Abbildung 1 dargestellt.

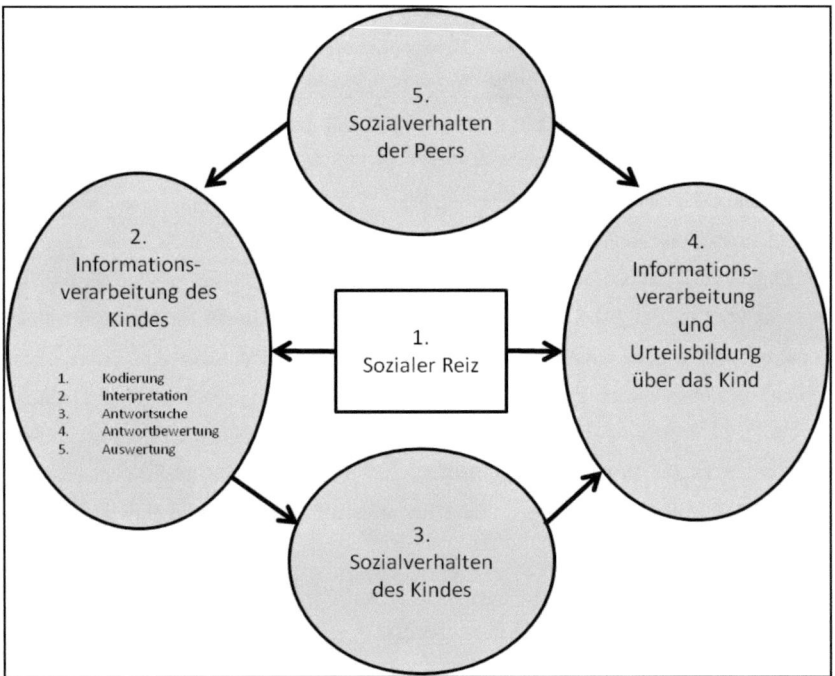

Abb. 1: Ein Modell des sozialen Austausches bei Kindern (Dodge et al., 1986, zit. nach Oerter & Montada, 2002).

Der soziale Reiz (1) stellt hierbei eine soziale Aufgabe dar, die von den Kindern informationstechnisch verarbeitet wird (2). Es wird sozusagen ein genau abgestimmter und im vornherein auf Tauglichkeit geprüfter Lösungsansatz von dem Kind generiert, der dann in seinem Antwortverhalten (3) widergespiegelt wird.

Durch die Rückmeldung der Peers, die sich entweder direkt (verbalisierte Rückmeldung) oder indirekt (5) in deren Verhalten ausdrückt, schaffen es die Kinder, ihre eigene soziale Kompetenz gut einzuschätzen und zu verbessern (2,4). Die soziale Kompetenz von Kindern entwickelt sich – nach Dodge et al. – also fortlaufend durch den Umgang mit Gleichaltrigen (Oerter & Montada, 2002).

Das Modell eignet sich gut, um den grundlegenden Prozess des Erlernens von sozialer Kompetenz darzustellen. Jedoch wird die Betonung zu stark auf spezielle soziale Situationen, die Problemlösungsaktivitäten erfordern, gelenkt und abstrahiert damit weniger gut auf einen globalen Zusammenhang. Selbstverständlich erlernt das Kind auch soziale Fähigkeiten durch den Umgang mit Erwachsenen (z.b. seinen Eltern), wobei hier ein ähnliches Schema vorstellbar ist.

2.3. Wie kann soziale Kompetenz gefördert werden?

Neben dem elterlichen Zuhause leisten auch andere Institutionen wie z.b. die Schule oder der Sportverein einen wichtigen Beitrag zur Entwicklung der sozialen Kompetenz von Kindern. Hier müssen sie sich mit verschiedenen Personen auseinandersetzen, müssen nachgeben oder sich durchsetzen und viele weitere soziale Situationen meistern.

In der Schule kann die soziale Kompetenz mit passenden Unterrichtsmethoden auch aktiv gefördert werden. In diesem Zusammenhang wird häufig die Förderstrategie „kooperatives Lernen" zur Sprache gebracht. Nach Drösseler et al. (2007) gibt es hinreichend empirische Evidenzen dafür, dass kooperatives Lernen zu einer Steigerung von sozialen Kompetenzen wie z.b. der Perspektivenübernahme oder des Selbstbewusstseins führt. So konnten Schüler einer Klasse nach dem Einsatz der „Jigsaw-Methode"[1] (Aronson, 2008) die Perspektive von anderen besser übernehmen als ihre Peers aus Kontrollgruppen (Bridgeman, 1977, zit. nach Drösseler et al., 2007).

Das ist darauf zurückzuführen, dass bei dieser Art des Lernens eine positive Abhängigkeit zwischen den Lernenden bei gleichzeitiger individueller Verantwortlichkeit besteht (Johnson & Johnson, 1994, zit. nach Drösseler et al., 2007).

---

[1] Bei der Jigsaw-Methode handelt es sich um eine kooperative Lern- bzw. Lehrmethode. Hier wird eine Klasse in mehrere Gruppen aufgeteilt. Jede Gruppe bearbeitet hierbei ein Gesamtthema, wobei dieses in verschiedene Teile eingeteilt wird. Jeder Teil wird von einem „Experten" bearbeitet. Nach der eigenständigen Bearbeitung des jeweiligen Teils finden sich alle Experten mit denjenigen Schülern zusammen, die dasselbe Thema bearbeitet haben und diskutieren ihre Ergebnisse. Abschließend gehen alle Experten wieder zurück in ihre anfängliche Gruppe und stellen ihre Ergebnisse vor (Aronson, 2008).

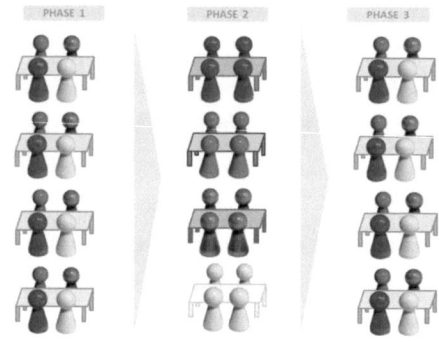

Abb. 2: Die 3 Phasen der Jigsaw-Methode
(Quelle: http://wikis.zum.de/vielfalt-lernen/images/4/46/Gruppenpuzzle.JPG)

Dieser Sachverhalt wird in Abbildung 2 deutlich. Als Gruppe (Phase 1) sind die einzelnen Schüler von der Arbeit des Einzelnen insofern abhängig, dass es nur zu einem positiven Gesamtergebnis kommen kann, wenn jeder einzelne sorgfältig arbeitet. Dies entspricht der individuellen Verantwortlichkeit, die in der Abbildung in der zweiten Phase dargestellt wird. Ein weiterer Vorteil besteht darin, dass diese Methode von den Schülern erfordert, dass sie sich mit den Ansichten und Herangehensweisen der Mitschüler beschäftigen und miteinander kooperativ, kommunikativ und unterstützend interagieren. Zudem fördert dieses soziale Miteinander auch ein positives Sozialklima in der Klasse (Drösseler et al., 2007).

2.4. Spiegelneuronen als Grundlage für den Erwerb sozialer Kompetenz

„Spiegelneuronen sind ein Resonanzsystem im Gehirn, das Gefühle und Stimmungen anderer Menschen beim Empfänger zum Erklingen bringen" (Kaufmann, 2006). Das System der Spiegelneuronen wird bereits aktiviert, wenn eine Handlung nur beobachtet wird. Dieser Ablauf wird in der Abbildung 3 für eine motorische Handlung ersichtlich. Der Hemm-Mechanismus sorgt hierbei dafür, dass die beobachtete Handlung nicht ausgeführt wird. Für Emotionen verläuft dieser Mechanismus analog. Da dies alles unbewusst abläuft, macht es die Neuronen zu der biologischen Grundlage für wesentliche Komponenten der sozialen Kompetenz wie z.B. Empathie, Mitgefühl und Kooperationsbereitschaft.

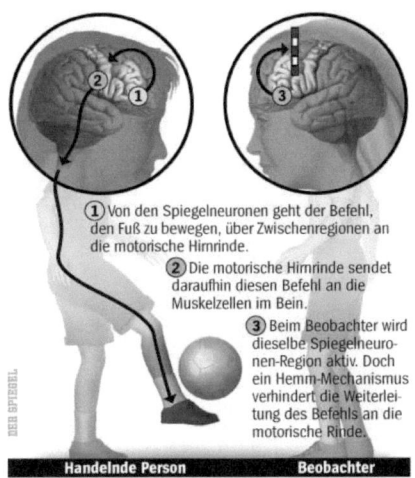

Abb. 3: Spiegelneuronen

(Quelle: http://www.planet-wissen.de/natur_technik/forschungszweige/spiegelneuronen/)

Durch die Aktivierung der Spiegelneuronen erkennen Menschen in sozialen Interaktionen meistens bis zu einem gewissen Grad, in welcher Stimmung sich das Gegenüber befindet (beispielsweise wird die Körpersprache unbewusst dechiffriert) und erhalten dadurch einen Hinweis, wie sie sich am besten verhalten. Auch im Alltagsleben signalisieren die Spiegelneuronen dem Menschen die Bedeutung von bestimmten Handlungen, da gespeicherte Muster vorhanden sind, die auf Vorerfahrungen beruhen (Kaufmann, 2006).

Spiegelneuronen sind bei dem Menschen angeboren – Forscher gehen jedoch davon aus, dass sie erst im dritten bis vierten Lebensjahr voll entwickelt und ausdifferenziert sind (Kaufmann, 2006). Effektiv bedeutet dies nicht, dass sich die soziale Kompetenz erst mit Erreichen des dritten Lebensjahres des Kindes ausbildet. Jedoch kann festgehalten werden, dass erst ab diesem Zeitpunkt die biologische Grundlage für die Entwicklung von einigen sozialen Kompetenzen vollständig gegeben ist und somit den folgenden Jahren ein wichtiger Stellenwert bei der Ausbildung der sozialen Kompetenz zukommt.

3. Soziale Beziehungen zu Gleichaltrigen

Die Bedeutung der Beziehung zu Gleichaltrigen für die Entwicklung sozialer Kompetenz von Kindern wurde in dem vorangehenden Kapitel illustriert. Warum es gerade die Peers sind, die solch einen wichtigen Einfluss haben, soll in diesem Kapitel der Arbeit vertieft dargestellt werden.

3.1. Bezugspersonen im Kindesalter

Auch wenn Kinder bereits im Babyalter häufig den Kontakt zu Gleichaltrigen als Spielpartner suchen, wird erst etwa ab der Zeit des Kindergartens und der Schulzeit die Gruppe der gleichaltrigen Kinder zu einem sehr wichtigen Bestandteil des Lebens der Kinder. Hierbei ist es jedoch nicht so, dass der Kontakt zu der Familie weniger wichtig wird. Vielmehr herrscht (im optimalen Fall) ein Gleichgewicht zwischen den beiden „Sozialbereichen" Familie und Gleichaltrigenwelt. Dies bedeutet, dass eine „nicht dem Entwicklungsstand adjustierte Balance zwischen Unterstützung und anerkannter Eigenständigkeit" (Cyprian & Franger, 1997, zit. nach Tücke, 2007), also eine altersunangemessene Überbehütung oder mangelnde Unterstützung, das Kind belastet.

Nach der Pubertät (etwa ab dem sechzehnten Lebensjahr) nimmt der intensive Kontakt zu der Familie merklich ab. Dies bedeutet gleichzeitig eine Zunahme des Kontakts zu den Peers, die insbesondere bei Problemen als Ansprechpartner fungieren. Haben die Kinder eine gute Beziehung zu ihren Eltern, ist deren Bedeutung als Ansprechpartner hierbei höher, als wenn die Beziehung schlechter ist (Larson, 1972, zit. nach Tücke, 2007).

3.2. Unterschiede in der Interaktion mit Erwachsenen und Gleichaltrigen

Bei der Interaktion von Kindern mit Gleichaltrigen entfällt die formale Ungleichheit, die durch den a priori unterschiedlichen Status (Tücke, 2007) und den Wissens- und Erfahrungsvorsprung der Erwachsenen gegeben ist (Traub, 2006). Bei der Interaktion mit Eltern oder Erwachsenen allgemein ist es häufig so, dass sie sich in eine erzieherische Rolle begeben und die Kinder ihre Vorstellungen, Ideen und Regeln dementsprechend häufig übernehmen ohne sie kritisch zu hinterfragen oder zu durchleuchten.

In der Fachliteratur wird diese Gegebenheit häufig als asymmetrische Interaktionsform beschrieben und mit der Wechselbeziehung zwischen Gleichaltrigen (symmetrisch) kontrastiert. Bei der symmetrischen Interaktion zwischen zwei Kindern des gleichen Alters können jene ihre eigenen Ideen und Vorstellungen geltend machen und lernen auch den Standpunkt des anderen Kindes zu hinterfragen. Auch in konfliktären Situationen lernen sie, sich mit den von dem gleichberechtigten Gegenüber geäußerten Argumenten auseinanderzusetzen und Kompromisse zu finden. Dies schafft neben der Steigerung verschiedener Komponenten der sozialen Kompetenz wie z.b. Empathie oder Selbstbewusstsein auch Nähe und Vertrauen, was sich positiv auf die Beziehung der Interaktionspartner auswirkt (Tücke, 2007).

Alles in allem lässt sich festhalten, dass die Kompetenz, die Erwachsenen von Seiten der Kinder zugeschrieben wird, die Entfaltung von wesentlichen sozialen Fähigkeiten unterbindet, die für eine hohe soziale Kompetenz unabdingbar sind. Mechsner (1993, zit. nach Tücke, 2007) stellt diesen Sachverhalt überspitzt dar, indem er die Kinder im Kontakt mit Erwachsenen als „unmündige, unfertige Untertanen" bezeichnet, während sie im Kontakt mit Gleichaltrigen „gleichberechtigte Teilnehmer am Spiel des Lebens" darstellen.

Diese Erkenntnisse sollen jedoch nicht den häufig positiven Einfluss von Erwachsenen (Eltern, Lehrer, Erzieher, usw.) auf Kinder (z.B. durch die Vermittlung von moralischen Grundsätzen) verkennen. Vielmehr unterstreicht es die Wichtigkeit von verschiedenen Interaktionspartnern (in unterschiedlichem Alter und Geschlecht und aus verschiedenen Nationen) für die Entwicklung einer ausgewogenen und hoch ausgeprägten sozialen Kompetenz.

3.3. Die Bedeutung von Freundschaften für Kinder

In der Präadoleszenz (in diesem Fall ab dem Alter von etwa 9 bis 10 Jahren) entwickeln Kinder das Bedürfnis nach interpersonaler Intimität (Sullivan, 1980, zit. nach Traub, 2006). Freundschaften kommen in dieser Phase eine besondere Bedeutung zu, da sich ein Bedürfnis nach vertrauensgeprägten Beziehungen zu anderen Kindern entwickelt, wobei hier nicht mehr das bloße „miteinander Spielen" im Vordergrund steht. Sullivan (1980, zit. nach Traub, 2006) spricht hier von dem Wunsch nach einer Freundschaft, „in der sich beide auf einzigartige Weise kennen und Verstehen" und in der man „miteinander Dinge teilen kann, die man anderen nicht mitteilen möchte". Freundschaften werden bei Kindern in einem Großteil der Fälle in der Schule geknüpft und gefestigt.

Traub (2006) gibt hier einen Wert von 55% aller Gleichaltrigen-Beziehungen an, die in der Schule geknüpft wurden. Hierzu gehören neben den guten Freunden auch „Spielkameraden", die nicht oder nur selten außerhalb der Schule besucht werden. In einer Befragung mit etwa 1000 Kindern sagten etwa 10 % der Kinder, dass sie keinen guten Freund haben (vgl. Abbildung 5). Im Durchschnitt haben Kinder in diesem Alter etwa 3,7 gute Freunde (Traub, 2006), von denen sie unterstützt werden und mit denen sie vertrauensvoll interagieren können.

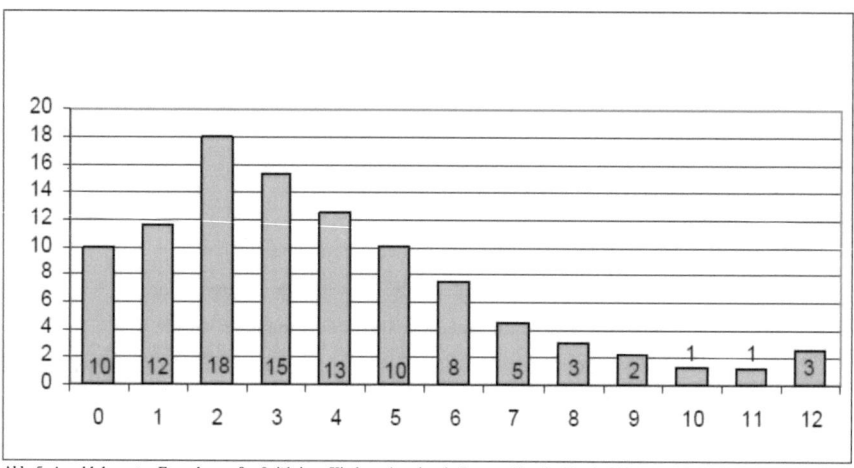

Abb. 5: Anzahl der guten Freunde von 8 – 9 jährigen Kindern, Angaben in Prozent (Quelle: Traub, 2006)

Aus entwicklungspsychologischer Sicht ermöglichen solche Freundschaften unter anderem die Ausprägung bestimmter Faktoren der sozialen Kompetenz, die sich insbesondere im Bereich der Kooperationsfähigkeit und des sozialen Verstehens ansiedeln (Traub, 2006). Überdies sind sie wichtige Voraussetzungen für die Bildung und Aufrechterhaltung von stabilen Freundschaften und Beziehungen im späteren Leben (Hartup, 1996, zit. nach Tücke, 2007). Bei den Kindern, die ohne gute Freunde aufwachsen, ist es möglich, dass soziale Defizite in verschiedenen Bereichen der Kommunikation, der Kooperation und in der Fähigkeit neue Gruppen zu bilden und sich in bestehende Gruppen einzugliedern entstehen.

4. Fazit

In der Arbeit wurde eindeutig herausgestellt, dass der Kontakt zu Gleichaltrigen sehr wichtig für die Entwicklung der sozialen Kompetenz von Kindern ist.

In Kapitel 2 wurde hierzu ein Modell von Dodge et al. vorgestellt, welches den Prozess des Erlernens von sozialer Kompetenz zu erklären versucht. Das Modell des sozialen Austausches bringt zum Ausdruck, dass insbesondere der Kontakt und die Rückmeldung von Gleichaltrigen die Bildung der sozialen Kompetenz einleiten und fördern. Durch kooperative Förderstrategien wie z.b. die Jigsaw-Methode in Schulklassen kann der positive Einfluss von Gleichaltrigen für die Steigerung der sozialen Kompetenz von Kindern noch zusätzlich verstärkt werden. Weiterhin wird in Kapitel 2 kurz auf die Spiegelneuronen eingegangen, die einige Faktoren der sozialen Kompetenz wie zum Beispiel Empathie oder Mitgefühl – als biologische Grundlage – erst ermöglichen.

Im dritten Kapitel wird die Tatsache exemplifiziert, dass der Gruppe der Gleichaltrigen bei Kindern etwa ab dem Grundschulalter ein immer höherer Stellenwert zukommt. Dies gilt insbesondere für die vertrauensgeprägten Freundschaften von Kindern, die sich positiv auf die Förderung einzelner Komponenten (zum Beispiel Kooperations- und Konfliktfähigkeit) der sozialen Kompetenz auswirken. Dies ist auf die Gegebenheit zurückzuführen, dass sich die Interaktion mit anderen Kindern von der Wechselbeziehung mit Erwachsenen insofern unterscheidet, dass sie symmetrisch ist und keine formale Ungleichheit zwischen den Interaktionspartnern besteht.

5. Diskussion

Betrachtet man unter Einbezug der in Kapitel 4 zusammengefassten Ergebnisse die aktuelle Debatte zum Betreuungsgeld für Kinder bis 3 Jahre, welche am ersten August 2013 in Kraft treten soll (Ronicke, 2013), erscheint diese Maßnahme weniger sinnvoll. Das Ziel des Betreuungsgeldes besteht darin, dass das gezahlte Geld (150 Euro pro Monat für Kinder im dritten Lebensjahr ab 2014) den Zuhause aufgezogenen Kindern zugutekommt. Abgesehen von der Tatsache, dass es nicht gesichert ist, dass das geleistete Betreuungsgeld wirklich für das Kind ausgegeben wird und die Sorge besteht, dass bei Familien mit Migrationshintergrund die Integration junger Kinder erschwert würde (Ronicke, 2013), wäre es für die Entwicklung der Kinder vermutlich besser, wenn der geplante Posten für einen Ausbau von Kindertagesstätten verwendet würde. Wie schon in Kapitel 3.1 angemerkt, bedarf es für die Entwicklung einer ausgeprägten sozialen Kompetenz eine Vielzahl verschiedener Interaktionspartner, wobei insbesondere die Gruppe von Gleichaltrigen einen besonderen Stellenwert einnehmen sollte. Zur Förderung von Werten wie zum Beispiel Toleranz wäre es in diesem Kontext auch förderlich, wenn das Kind bereits früh in seiner Entwicklung mit Kindern aus anderen Nationen konfrontiert würde und Freundschaften mit diesen schließen würde. Dies ist ein weiterer Punkt, der bezüglich der Integration von Kindern aus Familien mit Migrationshintergrund als Kritikpunkt am Betreuungsgeld angeführt werden sollte. Die in Kapitel 2.4 beschriebene biologische Voraussetzung für sozial kompetentes Verhalten, die Spiegelneuronen, sind etwa ab dem dritten Lebensjahr vollständig vorhanden und ausdifferenziert (Kaufmann, 2012). Überdies wurde in Kapitel 3.3 hervorgehoben, dass sich 55% der befreundeten Gleichaltrigen in der Schule kennengelernt haben. Auch dies spricht für eine möglichst frühe Eingliederung von Kindern in Institutionen wie z.B. Kindertagesstätten.

Die Tatsache, dass die soziale Kompetenz einen Prädiktor für späteren Berufserfolg darstellt (Moritz & Rimbach, 2006), untermauert wiederholt die Wichtigkeit einer Förderung der sozialen Kompetenz im Kindesalter. Die Autoren Moritz und Rimbach (2006) bringen zum Ausdruck, dass ein Teil der im späteren Berufsleben wichtigen sogenannten „Soft Skills" mit Komponenten der sozialen Kompetenz deckungsgleich sind. Dazu gehören beispielsweise interkulturelle Kompetenz, Teamfähigkeit, Konfliktverhalten und Empathie. Abbildung 4 exemplifiziert die Tatsache, dass fehlende Soft Skills bei Einstellungsverfahren sogar höher (negativ) gewichtet werden als unzulängliches Fachwissen.

Der in Kapitel 2.3 vorgestellte kooperative Förderunterricht erscheint in diesem Licht als besonders gute Maßnahme, der schulischen Vorbereitungsfunktion auf das spätere Berufsleben gerecht zu werden.

Abb. 4: K.-o-Kriterien bei Bewerbungen
(Quelle: http://www.hs-osnabrueck.de/uploads/pics/K.o_Kriterien.jpg)

Allgemein zum Konstrukt der sozialen Kompetenz lässt sich abschließend anmerken, dass eine angemessene Operationalisierung aufgrund der verschiedenen Definitionen sehr schwierig ist. Überdies gibt es nur wenige valide Messinstrumente, die einzelne Komponenten der sozialen Kompetenz annähernd messen können. Beispielsweise bewiesen Dodge et al. (1986, zit. nach Oerter & Montada, 2007) ihre Theorie unter anderem anhand von Urteilen anderer Kinder bezüglich der sozialen Kompetenz des Kindes, welches die Versuchsperson darstellte. Abgesehen von der Tatsache, dass diese Kinder sicherlich typischen Urteilsverzerrungen wie z.b. (Sympathie) unterlagen, konnten sie nur einen Bereich (in diesem Fall das Geschick bei der Kontaktaufnahme) der sozialen Kompetenz bewerten. Dass die Kinder jedoch in einem Bereich sozial kompetent sind, bedeutet nicht, dass sie es in einem anderen Bereich auch sind (Oerter & Montada, 2002).

Schlussendlich lässt sich festhalten, dass die soziale Kompetenz eines Kindes ein schwer messbares Konstrukt darstellt, das von verschiedenen Autoren oder Experten unterschiedlich ausgelegt wird. Das führt dazu, dass der Begriff in der wissenschaftlichen Psychologie eher weniger gebraucht wird. Trotzdem ist das Konstrukt im Alltag – wie die schulischen Förderstrategien aufzeigen – sehr sinnvoll und realitätsnah.

Literatur

Aronson, E., Wilson, E., & Akert, R. (2008). Sozialpsychologie. München: Addison-Wesley Verlag.

Asendorpf, J. (2003). Psychologie der Persönlichkeit. Berlin: Springer Verlag.

Caldarella, P., & Merrel, K. W. (1997). Common dimensions of social skills of children and adolescents: A taxonomy of positive behaviors. In: School Psychology Review, 26, 264-278.

Drösseler, S., Jerusalem, M. & Mittag, W. (2007). Förderung sozialer Kompetenzen im Unterricht. Abgerufen unter: http://www.bildungsforschung.uni-wuerzburg.de/pruefung/pdf/Droessler_et_al-2007-Foerderung_sozialer_Kompetenzen_im_Unterricht.pdf (Abgerufen am 06.04.2013).

Kaufmann, S. (2012). Spiegelneuronen. Abgerufen unter: http://www.planet-wissen.de/natur_technik/forschungszweige/spiegelneuronen/ (Abgerufen am 10.04.2013).

Moritz, A., & Rimbach, F. (2006). Soft Skills für Young Professionals. Offenbach: Gabal Verlag.

Oerter, R., & Montada, L. (Hrsg.) (2002). Entwicklungspsychologie. Weinheim: Psychologie Verlags Union.

Perren, S., Groeben, M., Stadelmann, S., & von Klitzing, K. (2008). Selbst- und fremdbezogene soziale Kompetenzen: Auswirkungen auf das emotionale Befinden. In: T. Malti & S. Perren (Hrsg.). Soziale Kompetenz bei Kindern und Jugendlichen. Entwicklungsprozesse und Fördermöglichkeiten. Stuttgart: Kohlhammer.

Ronicke, P. (2013). Betreuungsgeld. Abgerufen unter: http://www.sozialleistungen.info/sozial-leistungen/betreuungsgeld.html (Abgerufen am 10.04.2013).

Schmidt-Denter, U. (2005). Soziale Beziehungen im Lebenslauf. Weinheim: Beltz.
Traub, A. (2006). Die Welt der Gleichaltrigen. Abgerufen unter: http://www.dji.de/kinderpanel/Deskriptionen/Deskription_Freunde.pdf (Abgerufen am 07.04.2013).

Tücke, M. (2007). Entwicklungspsychologie des Kindes- und Jugendalters für (zukünftige) Lehrer. Berlin: LIT Verlag.